W0395864

Mousses

Les émulsions de toutes sortes qui ont fait la réputation de nombreux grands chefs sont à la portée de tous grâce aux siphons.
Emulsions chaudes, froides, sucrées, salées, à base de légumes, de fruits, de poissons, de crustacés, de viande, de crèmes, et même de bonbons, tout est permis !

Avec cet outil, laissez parler votre imagination et réalisez des expériences gustatives. Etonnez-vous et étonnez vos convives. Misez sur les textures en ajoutant des éléments croustillants, jouez sur les couleurs et les étages en verrines.

Nous sommes heureux de vous dévoiler les secrets des coulisses des restaurants et traiteurs les plus réputés, avec des recettes originales créées par le Chef Jean-Claude Fascina.

Anne-Laure Nabat
D.G. de Mastrad

Simplicité, Créativité : deux mots clés qui illustrent bien le Siphon, autant pour la cuisine de tous les jours que pour les tables de fêtes, la cuisine de l'amitié que la cuisine de l'amour.

Epatez vous, amusez vous, la seule chose importante c'est de partager un instant gourmand et ludique.

Attention 1...2...3 Siphonnez !

Jean-Claude Fascina
Chef consultant

Photographies de Julien Bouvier

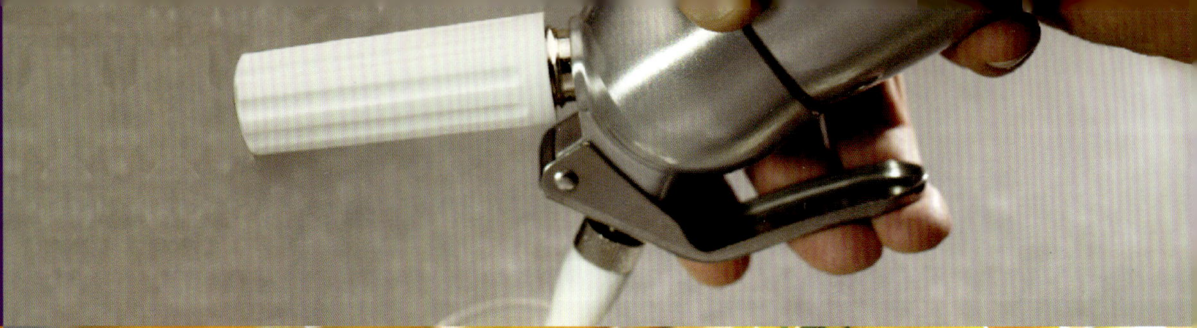

Technique des émulsions au siphon

Pour devenir vous aussi un maître des émulsions au siphon comme les grands chefs, il suffit de bien respecter quelques règles en suivant pas à pas les étapes.

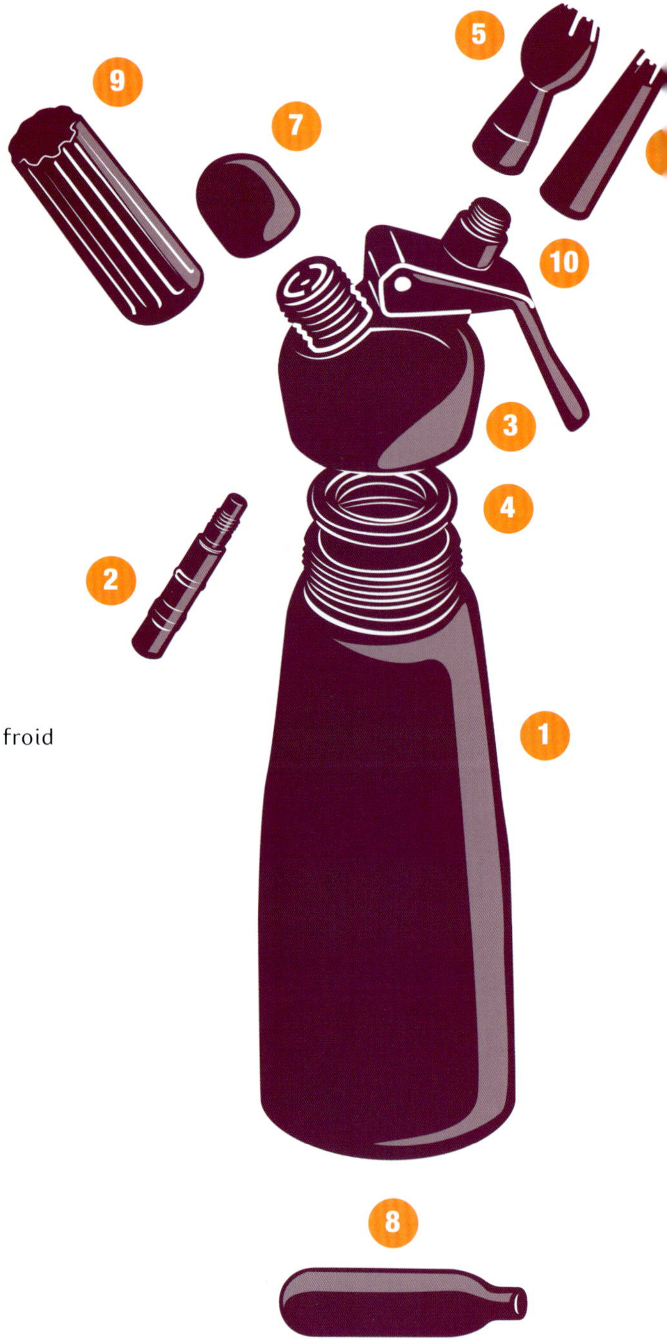

le siphon

Le siphon existe en 0.25l, 0.5l et 1l, chacun en plusieurs modèles :

- à tête métallique qui permettent de préparer le chaud comme le froid
- à tête plastique qui ne font que les préparations froides.

Simple d'utilisation, le siphon est composé des éléments suivants :

1. cuve
2. piston
3. tête
4. joint
5. buse tulipe
6. buse droite
7. cache
8. cartouche
9. porte-cartouche
10. support de la buse

NB : le siphon s'utilise uniquement avec des cartouches d'air comprimé couleur argent N2O. 8

étapes

1 – Pour une bonne émulsion, veiller à ce que la cuve du siphon et les ingrédients soient à la même température :
- pour les préparations froides prendre soin de mettre la cuve vide du siphon au réfrigérateur au préalable,
- pour les préparations chaudes, remplir la cuve d'eau bouillante, vider et sécher la cuve avant utilisation.

2 – Mixer et passer au tamis fin vos préparations pour obtenir un mélange homogène et fluide. Toute particule solide pourrait obstruer le siphon.

3 – Remplir la cuve ①, en veillant à ne pas dépasser la capacité (0.25l, 0.5l ou 1l suivant le modèle)

4 – Insérer le piston ② dans la tête. Ⓐ

5 – Visser la tête ③ en prenant soin que le joint ④ soit correctement positionné Ⓑ

6 – Suivant la forme de la mousse souhaitée, choisir la buse adaptée :
- Pour une mousse aérienne, forme tulipe ⑤
- Pour une mousse plus dense, forme droite ⑥

7 – Dévisser le cache ⑦

8 – Insérer une cartouche 8g ⑧ dans le porte-cartouches ⑨ dans le sens du schéma Ⓒ
Bien visser le porte-cartouches sur la tête pour percuter et insuffler le gaz dans la cuve du siphon.

NB : Pour les siphons 1 l : 2 cartouches 8g ou une cartouche 16g.

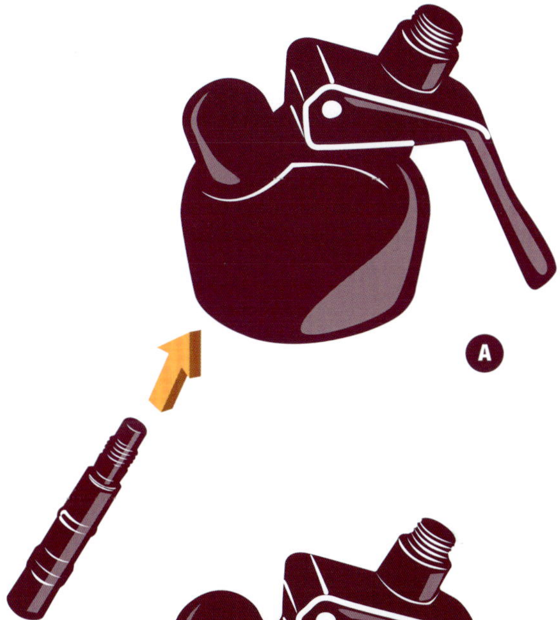

A

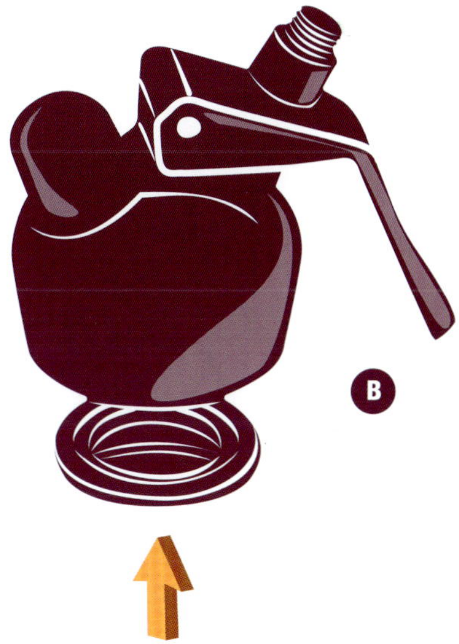

B

C

9 – Secouer 2 à 3 fois le siphon la tête en bas.

10 – S'il s'agit d'une préparation froide, réserver au frais. Si elle est chaude, conserver au bain-marie, à une température maximum de 70°C.

11 – Pour servir : siphon tête en bas, presser doucement sur le levier pour amorcer le service.
En cas de préparation chaude, attention : le siphon, le levier et la tête sont très chauds ; à manipuler avec un torchon.

conseils d'utilisation

Pour obtenir une bonne tenue de l'émulsion, votre préparation doit contenir :
- soit de la matière grasse (crème fraîche fluide entière, crème de soja, huile, beurre, ...)
- soit un gélifiant (gélatine alimentaire ou agar-agar) en respectant les dosages préconisés.
Pour ne pas obstruer le mécanisme du siphon, utiliser du sucre glace ou du sirop de sucre mais pas de sucre cristal , sauf s'il est dissout dans un liquide chaud.

Avant le service, presser légèrement sur le levier au-dessus de l'évier. Si la mousse sort difficilement, vous pouvez percuter une seconde cartouche (uniquement pour les modèles 0.5l et 1l).
Il est fréquent que des poches d'air se forment dans le mélange, pouvant entraîner des éclaboussures.

Pour un résultat optimal, siphonner vos préparations au dernier moment, juste avant de servir.

Nous vous recommandons de bien lire la notice livrée avec le produit avant toute utilisation.

conservation des préparations

- chantilly et crèmes: jusqu'à 2 semaines
- à base de fruits frais : 4 jours
- à base de produits cuits : 4 jours

nettoyage et stockage

Pour le nettoyage de la tête, dévisser le support de la buse (10), le retirer et passer le goupillon fourni dans les trous sous l'eau savonneuse tiède ; nettoyer correctement le joint et l'intérieur de la tête, bien sécher les pièces.

Pour le stockage, ne pas fermer l'appareil mais retourner la tête sur la cuve et mettre toute les petites pièces dans cette dernière.

Mises en bouches

Découvrez-vous des talents de grands traiteurs pour organiser vos cocktails avec ces recettes au siphon qui feront le succès de vos réceptions. Finesse, légèreté et textures surprendront vos sens !
Variez les ingrédients pour la palette de couleurs et de saveurs.
Soignez la présentation : verrines, cuillères de dégustation, feuilles d'endives, pains spéciaux ; agrémentez de bâtonnets de légumes, d'herbes fraîches, de baies... et laissez parler votre sens artistique !

0,5 x 2 | 20 verrines | préparation 15 mn – cuisson 20 mn | coût € | difficulté ★

Crumble de poivron rouge au chèvre frais

Ingrédients

2 poivrons rouges

40 cl de crème fraîche liquide entière

1 gousse d'ail

1 pincée de piment d'Espelette

100 g de fromage de chèvre frais

1 cuil. à soupe de pistaches hachées

50 g de biscuits apéritif salés

50 g de pesto

Sel, poivre du moulin

Pesto :

Une dizaine de feuilles de basilic

50 g de pignons de pin

4 cuil. à soupe d'huile d'olive

2 cuil. à soupe de Parmesan râpé

Fleur de sel

1 Mélanger 10 cl de crème fraîche au fromage de chèvre frais ; saler, poivrer.
Mettre le mélange dans le 1er siphon, percuter une cartouche de gaz ; secouer 2 à 3 fois tête en bas et réserver au frais.

2 Peler les poivrons, les épépiner, puis les découper en fines lanières.
Les cuire en papillote avec l'ail en chemise pendant 5 minutes au four micro-ondes puissance moyenne 700 W (ou 15 minutes au four à 180°C).

3 Après cuisson, éplucher l'ail.
Mixer dans un blender le poivron avec l'ail et le piment d'Espelette, ajouter 30 cl de crème, saler, poivrer et passer au tamis fin.

4 Verser la préparation dans la cuve du 2nd siphon, percuter une cartouche de gaz ; secouer 2 à 3 fois tête en bas, réserver au frais.

Réaliser le pesto :

5 Torréfier à la poêle les pignons de pin quelques minutes jusqu'à ce qu'ils soient colorés.
Mixer tous les ingrédients du pesto jusqu'à obtenir la consistance désirée.

6 Emietter les biscuits et les déposer au fond des verrines.

7 Secouer 2 fois le 1er siphon et répartir la mousse de chèvre frais au dessus du crumble salé.
Verser un filet de pesto.
Secouer 2 fois le 2nd siphon et déposer la chantilly de poivron.
Décorer de quelques éclats de pistaches.

0,5
x 1

40 cuillères gourmandes

préparation 10 mn
repos 3 h + 1 nuit

coût €€€

difficulté ★★★

Emulsion de saumon fumé

Ingrédients

250 g de saumon fumé

100 ml de fumet de poisson

100 ml de crème fraîche liquide entière

2 feuilles de gélatine

1 branche d'aneth

Baies roses

Zestes de 3 citrons

Fumet de poisson :

500 g de carcasses et arêtes de poissons

1 oignon

1 gousse d'ail

1 carotte

1 bouquet garni (thym, laurier)

1 blanc de poireau

1/2 l de vin blanc sec

1/2 l d'eau

1 filet d'huile d'olive

La veille : réaliser le fumet de poisson (ou l'acheter dans le commerce) :

1 Peler et émincer l'ail et l'oignon.
Dans une cocotte, les faire revenir dans l'huile d'olive. Y faire dorer les carcasses et les arêtes de poissons. Mouiller avec le vin blanc.
Ajouter les légumes et le bouquet garni.
Amener à ébullition. Laisser bouillir 5 minutes à découvert.
Rajouter l'eau. Baisser le feu et laisser mijoter une heure.
Filtrer au tamis et laisser refroidir.

4 à 5 heures avant consommation :

2 Ramollir la gélatine dans de l'eau froide.
Mixer le saumon avec 100 ml de fumet de poisson, passer au tamis.
Faire chauffer la crème liquide. Hors du feu, y dissoudre la gélatine.

3 Ajouter la crème au saumon, bien mélanger et remplir la cuve du siphon avec la préparation.
Percuter une cartouche de gaz, secouer et réserver au frais pendant 3 heures.

4 Remuer énergiquement avant utilisation.
Siphonner dans des verrines sur un tartare de saumon ou sur des toasts de pain grillés, des blinis,...
Décorer avec des brins d'aneth, des baies roses concassées et les zestes des citrons.

Les astuces du chef

Profiter d'une recette faite à base de poisson pour réaliser votre fumet et le congeler dans des bacs à glaçons.

0,5
x 1

10 grandes verrines

préparation 20 mn

repos 3 h

coût €€€

difficulté ★★★

Brie de Meaux au piment d'Espelette sur lit de noix

Ingrédients

30 cl de crème fraîche liquide entière

15 g de miel d'acacia

150 g de Brie de Meaux sans la croûte

200 g de noix décortiquées

2 pincées de piment d'Espelette

Feuille de brick

Huile de noix

Sel, poivre du moulin

1 Dans une casserole, faire chauffer la crème fraîche avec le miel.
Découper le Brie en morceaux.
Hors du feu, le faire fondre dans le mélange crème/miel.
Saler, poivrer et ajouter le piment d'Espelette, laisser infuser 10 mn.
Passer le mélange au tamis fin.

2 Verser la préparation dans la cuve du siphon, percuter une cartouche de gaz ; secouer et réserver au frais pendant 3 heures.

3 Faire des petites chips de feuille de brick en les faisant revenir avec du poivre dans un peu d'huile de noix.

4 Déposer les cerneaux de noix concassées dans le fond des verrines puis siphonner l'émulsion de Brie. Planter les chips de brick dans l'émulsion.

0,5
x 1

25 verrines

préparation 30 mn
repos 3 h

coût €€€

difficulté ★★★

Mousse de foie gras de canard et sa compotée d'oignons

Ingrédients

200 g de foie gras de canard cuit ou mi-cuit

100 ml de bouillon de légumes

150 ml de crème fraîche liquide

Quatre épices

Sel, poivre du moulin

Bouillon de légumes :

1 litre d'eau

4 carottes

4 poireaux

1 branche de céleri

1 bouquet garni (thym, laurier)

1 blanc de poireau

Gros sel

Compotée d'oignons :

200 g d'oignons (un gros ou 2 petits)

1 filet d'huile d'olive

100 ml de crème de cassis

1 **Préparer le bouillon de légumes :**
Éplucher et laver tous les légumes.
Les cuire entiers avec le bouquet garni pendant 1h30 à couvert dans l'eau bouillante salée.
Passer le bouillon au tamis. Rectifier l'assaisonnement.
Laisser refroidir.

2 Mixer finement le foie gras avec 100 ml de bouillon de légumes.
Poivrer, passer au tamis fin.
Mélanger avec la crème fraîche et une pincée de mélange quatre épices.
Rectifier l'assaisonnement, verser la préparation dans la cuve du siphon, percuter une cartouche de gaz, secouer et réserver au frais 3 heures minimum.

3 **Préparer la compotée d'oignons :**
Couper finement les oignons, les faire revenir dans l'huile d'olive à feu doux sans prendre couleur, mouiller avec la crème de cassis et laisser cuire doucement jusqu'à complète évaporation du liquide ; saler, poivrer.
Laisser refroidir.

4 Dans des verrines ou sur du pain de campagne grillé, déposer un peu de compotée d'oignons et siphonner le foie gras dessus.
Servir aussitôt.

Les astuces du chef

Agrémenter de pignons de pin poêlés ou d'une fine tranche de poire rôtie aux quatre épices

Congeler le reste du bouillon de légumes dans des bacs à glaçons.

0,5
x 1

4 personnes

préparation 15 mn
cuisson 8 mn

coût €€€

difficulté ★★★

Ecume d'huîtres chaudes safranée

Ingrédients

16 huîtres creuses bien calibrées

150 ml de crème fraîche liquide entière

15 g de beurre demi-sel

1 blanc de poireau

1 échalote

1 pincée de safran

Quelques brins de ciboulette

Sel, poivre du moulin

1 Ouvrir les huîtres (laisser les mollusques attachés à leur coquille).
Verser leur eau dans un récipient ; attendre qu'elles rendent leur deuxième eau et récupérer celle-ci également.
Préchauffer le four à 180°C.

2 Emincer l'échalote, tailler le poireau en julienne.
Faire revenir poireau et échalote dans le beurre.

3 Avec un couteau, détacher les mollusques de leur coquille.
Disposer les légumes dans le fond des coquilles, remettre les huîtres dessus.
Enfourner les huîtres pendant 6 à 8 minutes.

4 Mélanger l'eau des huîtres à la crème, ajouter le safran ; poivrer.
Filtrer la préparation, la verser dans la cuve du siphon, percuter une cartouche de gaz, secouer et conserver à température ambiante.

5 Sortir les huîtres du four, siphonner la préparation dans les coquilles et décorer d'un brin de ciboulette.
Servir aussitôt.

0,5 x 1 | 6 bols | préparation 15 mn, repos 1 h | coût €€€ | difficulté ★★★

Chantilly de jambon fumé et son gaspacho de melon

Ingrédients

100 g de jambon blanc découenné

100 g de jambon fumé dégraissé

30 cl de crème fraîche entière liquide

1 trait de Tabasco

1 jaune d'œuf

1 cuil. à soupe d'huile de tournesol

2 cuil. à soupe de bouillon de légumes (cf p. 16)

2 melons bien mûrs

1 filet d'huile d'olive

1 cuil. à soupe de jus de citron

1 glaçon

Cerfeuil

Sel, poivre du moulin

1 Mixer les jambons avec l'huile, le jaune d'œuf, le bouillon de légumes et le Tabasco.
Mélanger à la crème fraîche, saler, poivrer et passer au tamis fin.

2 Remplir la cuve du siphon avec la préparation, percuter une cartouche de gaz, secouer et réserver au frais pendant 1 heure.

3 Mixer la pulpe des deux melons avec un filet d'huile d'olive, un glaçon, le jus de citron et le cerfeuil.
Saler, poivrer et ajouter un peu d'eau si la soupe est trop épaisse.

4 Servir la soupe dans des coupes ou des verrines.
À l'aide du siphon, y déposer la chantilly de jambon.
Décorer avec des feuilles de cerfeuil.

Les astuces du chef

A réaliser au choix avec des melons de Cavaillon, ou avec des melons verts d'Espagne. Dans le deux cas, veiller à ce qu'ils soient bien mûrs et bien sucrés.

0,5 x 2 | 20 tartelettes | préparation 30 mn | cuisson 8 mn | repos 1 h | coût €€€ | difficulté ★★★

Tartelettes mozzarella en rouge et noir

Ingrédients

4 boules de mozzarella

300 g de tomates émondées et épépinées

50 g de basilic en feuilles

30 g d'eau

3 feuilles de gélatines

1 pâte feuilletée

100 g d'olives noires

4 filets d'anchois

Huile d'olive

2 cuil. à soupe de câpres

1 Réserver les plus petites feuilles de basilic pour la décoration.
Ramollir la gélatine dans un peu d'eau.
Mixer finement la chair des tomates avec l'eau, le basilic restant et une pincée de sel.
Faire chauffer la préparation, incorporer hors du feu la gélatine ramollie essorée, passer au tamis et verser dans la cuve du 1er siphon.
Percuter une cartouche de gaz, secouer et réserver au frais (1 heure minimum).

2 Réaliser une tapenade : mixer finement les olives noires, les anchois et les câpres.
Détendre la préparation avec l'huile d'olive.
Passer la préparation de tapenade au tamis fin.
Verser dans la cuve du 2nd siphon.
Percuter une cartouche de gaz, secouer et réserver au frais (1 heure minimum).

3 Préchauffer le four à 200°C.
Découper à l'aide d'un emporte-pièce des cercles de 5 cm de diamètre dans la pâte feuilletée.
Cuire 8 minutes les disques de pâte entre 2 plaques (pour éviter que le feuilletage ne prenne trop de volume).
Laisser refroidir.

4 Egoutter la mozzarella et la couper en tranches d'une épaisseur de 0,5 cm environ.

5 Au dernier moment, déposer sur chaque tartelette une noisette de tapenade au siphon, puis une tranche de mozzarella, terminer par une noisette de mousse de tomate au siphon.
Décorer avec les feuilles de basilic.

0,5 x 1 | 20 verrines | préparation 20 mn, cuisson 12 mn | coût €€€ | difficulté ★★★

Capuccino d'écrevisses, croustillant aux graines de sésame

Ingrédients

40 écrevisses

20 cl de fumet de poisson (cf p. 12)

20 cl de crème fraîche entière liquide

1 feuille de gélatine

1 échalote

Le jus d'un citron

1 cuil. à soupe de coriandre hachée

Huile d'olive

Curcuma

1 cuil. à soupe de graines de sésame

1 feuille de brick

Sel, poivre du moulin

1 Dans le cas d'écrevisses vivantes :
Les châtrer avant de les cuire : d'une main, tenir le haut de l'abdomen, de l'autre : tourner l'extrémité de la queue pour enlever le boyau.
Les plonger 3 minutes dans l'eau bouillante salée. Laisser refroidir et décortiquer les écrevisses. Vous pouvez également trouver dans le commerce des écrevisses déjà cuites.

2 Dans un grand récipient creux : mélanger le jus de citron, la coriandre, du sel et du poivre. Déposer 20 queues d'écrevisses et laisser mariner au frais.

3 Dans une casserole faire revenir l'échalote hachée dans un filet d'huile d'olive, ajouter les queues d'écrevisses restantes, faire colorer et mouiller avec 20 cl de fumet de poisson. Assaisonner d'une pincée de curcuma, cuire 5 minutes à petits bouillons.

4 Faire tremper la gélatine dans un bol d'eau froide.
Mixer la préparation, passer au tamis et ajouter la feuille de gélatine essorée.
Ajouter la crème, rectifier l'assaisonnement, remuer et verser dans la cuve du siphon.
Percuter une cartouche de gaz, secouer et réserver au frais.

5 Détailler 20 rectangles dans la feuille de brick ; les huiler et les tremper dans les graines de sésame ; les faire cuire sur une plaque dans un four doux à 150°C.

6 Déposer les écrevisses marinées dans le fond des verrines, siphonner la crème dessus et orner d'un croustillant de brick au sésame.
Servir aussitôt.

Les astuces du chef

Conserver les têtes et les carapaces des écrevisses pour réaliser une bisque.

0,5
x 1

20
verrines

préparation
15 mn

coût €€€

difficulté ★★★

Nuage de guacamole sur carpaccio de poissons fumés

Ingrédients

2 avocats bien mûrs

1 yaourt brassé type bulgare

2 citrons

1 feuille de gélatine

Coriandre

Cerfeuil

Paprika

Divers filets de poissons fumés : thon, flétan, saumon

Sel, poivre du moulin

1 Mixer le yaourt avec l'avocat, le cerfeuil, la coriandre, le sel et le poivre du moulin. Passer au tamis fin.

2 Faire ramollir la gélatine dans un bol d'eau froide.
Dans une casserole, verser le jus d'un citron et le faire tiédir à feu doux.
Y faire fondre la gélatine essorée et mélanger à la crème d'avocat.
Verser le tout dans la cuve du siphon, percuter la cartouche, secouer et réserver au frais.

Au moment de servir :

3 Garnir le fond des verrines avec les poissons détaillés en fines lamelles.
Siphonner la mousse de guacamole.
Décorer avec une demi-rondelle de citron, des feuilles de coriandre et une pincée de paprika.

Les astuces du chef

Ajouter une pincée de piment à la préparation pendant le mixage.

0,5
x 2

préparation
20 mn
repos
3 h

coût €€€

difficulté ★★★

Homous et Ecume de maïs

Ingrédients

Homous :

250 g de pois chiches (1 petite boîte de conserve avec le jus)

1 citron

50 ml d'huile d'olive vierge extra

1 grosse gousse d'ail

Croutons de pain

5 feuilles de menthe fraîche

1 feuille de gélatine

Paprika

Sel, poivre du moulin

Ecume de maïs :

1 petite boîte de maïs en grain

60 ml d'eau

2 feuilles de gélatine

Piment d'Espelette

Sel, poivre du moulin

Homous

1 Ramollir la gélatine dans un bol d'eau froide.
Faire chauffer doucement le jus de citron.
Hors du feu, y faire fondre la gélatine égouttée. Peler l'ail. Mixer les pois chiches avec leur jus, l'ail et le jus du citron, ajouter l'huile et les feuilles de menthe, saler, poivrer et mixer finement.

2 Passer la préparation au tamis, verser dans la cuve du siphon.
Percuter une cartouche de gaz, secouer et réserver au frais.

3 Servir sur des croutons de pain grillés frottés à l'ail avec un filet d'huile d'olive et une pincée de paprika ou accompagné de pain libanais.

Ecume de maïs

1 Ramollir la gélatine dans un bol d'eau froide.
Faire chauffer 60 ml d'eau.
Dissoudre la gélatine dans le liquide chaud hors du feu.
Mixer très finement le maïs avec son jus. Mélanger l'eau et la purée de maïs, saler, poivrer et agrémenter d'une pincée de piment d'Espelette.

2 Passer la préparation au tamis fin, verser dans la cuve du siphon, percuter une cartouche de gaz. Secouer tête en bas.
Réserver le siphon au frais pendant 3 heures.

3 Après avoir secoué vivement le siphon, servir dans des verrines sur une compotée de poivrons rouges (cf p. 10) en plantant un tacos dans l'écume de maïs.
Accompagne également toutes vos recettes mexicaines.

Légumes

D'une purée de légumes riche en crème vous obtiendrez une mousse de légumes aérée et onctueuse.
Le siphon vous garantit une présentation à l'assiette soignée et originale :
en noisette de mousse, autour d'un aliment, en trait...
Dessinez vos formes !

0,5
x 1

10 grandes verrines

préparation 30 mn
repos 1 h

coût €€€

difficulté ★★★

Emulsion d'asperges vertes sur confit de canard

Ingrédients

2 petites cuisses de confit de canard

200 g d'asperges vertes

20 cl de bouillon de légumes (cf p. 16)

20 cl de crème fraîche entière liquide

1 feuille de gélatine

1 filet d'huile d'olive

Sel, poivre du moulin

1 Eplucher les asperges et réserver les pointes.
Ramollir la gélatine dans un récipient d'eau froide.
Cuire les asperges dans le bouillon de légumes à feu moyen, ajouter la crème, le sel et le poivre.

2 Mixer finement la préparation, passer au tamis fin.
Faire fondre la feuille de gélatine essorée dans la crème d'asperges chaude.

3 Verser le mélange dans la cuve du siphon, percuter une cartouche de gaz, secouer et réserver au frais pendant 1 heure.

4 Faire rapidement sauter à la poêle les têtes d'asperges dans le filet d'huile d'olive.
Prélever la chair des cuisses de canard, déposer celle-ci dans le fond des verrines et dresser l'émulsion.
Couper les pointes d'asperges dans le sens de la longueur en fines tranches et les déposer sur les verrines.

0,5 x 1 | 4 personnes | préparation 15 mn, cuisson 1 h 45 | coût €€€ | difficulté ★★★

Purée aérée de carottes confites au cumin pour filet de bar

Ingrédients

400 g de carottes

Oranges à jus permettant de préparer 1/2 l de jus d'orange frais

150 ml de crème fraîche entière liquide

1 cuil. à café de graines de cumin

4 filets de bar de ligne

1 cuil. à soupe d'huile d'olive

Sel, poivre du moulin

1 Presser les oranges.
Eplucher les carottes.
Déposer les carottes dans une cocotte avec les graines de cumin, couvrir avec le jus d'orange.
Amener à ébullition et baisser le feu ; laisser confire à couvert 1h30.
Réserver le jus d'orange et prélever les carottes.

2 Mixer très finement les carottes, ajouter la crème ; saler, poivrer.
Passer la purée au tamis fin, verser la préparation dans la cuve du siphon, percuter une cartouche de gaz, secouer et conserver au chaud au bain-marie à 70°C maximum.

3 Préchauffer le four à 180°C.
Saler, poivrer les filets de bar, les faire revenir côté peau dans une poêle huilée pendant 2 minutes pour les raidir.
Puis les enfourner pendant 10 minutes.

4 Disposer l'émulsion de carottes au centre de l'assiette.
Poser le filet de bar sur la purée.
Terminer par un filet d'huile d'olive, un tour de moulin à poivre et quelques graines de cumin.

5 Faire réduire le jus d'orange et déposer un filet de sauce dans l'assiette.

Les astuces du chef

Préférer les oranges maltaises.

0,5 x 1 | 4 personnes | préparation 10 mn, cuisson 30 mn | coût € | difficulté ★

Mousse de pomme de terre vitelotte

Ingrédients

250 g de pommes de terre vitelotte

25 cl de crème fraîche liquide entière

15 cl de lait

50 g de beurre

Sel, poivre du moulin

1. Réserver 2 pommes de terre pour la décoration.
2. Cuire les pommes de terre non pelées à l'eau froide salée pendant 30 minutes.
3. Les peler puis les réduire en purée.
4. Ajouter la crème, le lait et le beurre fondu.
5. Saler, poivrer et bien mélanger.
6. Passer au tamis fin, verser dans le siphon, percuter une cartouche de gaz et secouer.
7. Conserver au chaud au bain-marie à 70°C maximum.
8. Détailler les pommes de terre restantes en rondelles très fines avec leur peau.
   Les faire frire pour décorer votre émulsion de vitelotte.

Les astuces du chef

Idéal chaud pour accompagner vos viandes.

Pour utiliser le reste de la mousse : laisser refroidir le siphon 3 heures au réfrigérateur et déposer la purée froide dans des verrines sur des tranches de magrets fumés.

0,5
x 1

15 verrines

préparation 30 mn
cuisson 5 mn

coût €€€

difficulté ★★★

Aïoli chaud de champignons des bois

Ingrédients

La poêlée de champignons :

600 g de champignons des bois

1 gousse d'ail

Huile d'olive

1 cuil. à soupe de persil haché

Sel, poivre du moulin

L'émulsion d'aïoli :

1 œuf

1 cuil. à soupe de moutarde forte

Huile de tournesol

1 cuil. à café de jus de citron

150 g de bouillon de légumes (cf p. 16)

1 pincée de safran en poudre

2 gousses d'ail

1 feuille de gélatine

Sel

1 Nettoyer les champignons. Hacher l'ail et le persil. Ajouter le jus de citron.
Dans une poêle bien chaude, faire revenir les champignons dans l'huile d'olive avec l'ail et le persil.
Réserver dans la poêle sans couvrir.

2 Faire tremper la feuille de gélatine dans un bol d'eau froide.
Faire chauffer le bouillon de légumes, y incorporer la feuille de gélatine égouttée.
Hacher 2 gousses d'ail.

3 **Préparer une mayonnaise :**
Déposer le jaune d'œuf dans un bol.
Ajouter la cuillère de moutarde et le sel.
Mélanger à l'aide d'un fouet en versant l'huile en filet, jusqu'à obtention de la consistance désirée.
Ajouter le safran et l'ail haché. Mélanger.

4 Disposer les champignons chauds dans des coupes de service ou des verrines.

5 Mélanger le bouillon chaud avec la mayonnaise.
Filtrer à l'aide d'un tamis fin, verser dans la cuve du siphon et percuter une cartouche de gaz.

6 Secouer et siphonner aussitôt sur les champignons. Servir immédiatement.

Les astuces du chef

Pour nettoyer les champignons, utiliser une brosse douce et les essuyer. Eviter de les faire tremper.

0,5
x 1

8 grandes verrines

préparation 45 mn
cuisson 2 h 40

coût €€€

difficulté ★★★

Mousseline de céleri rave, brochette de volaille tandoori

Ingrédients

1 petit céleri rave

250 ml de crème fraîche liquide entière

Muscade

500 g de filet de volaille

Tandoori en poudre

1 yaourt bulgare

1 bouquet de persil plat

Huile d'olive

Sel, poivre du moulin

Bouillon de volaille :

Une poule à bouillir (préciser à votre boucher)

Un bouquet garni (thym, laurier)

Un blanc de poireau

Gros sel

1 **La veille :** Préparer le bouillon de volaille :
Mettre tous les ingrédients dans un fait-tout avec une cuillère à soupe de gros sel.
Recouvrir d'eau froide. Amener à ébullition, baisser le feu et laisser mijoter 2 heures.
Retirer la poule et les ingrédients. Laisser refroidir.
Après une nuit au réfrigérateur, ôter la couche de graisse. Votre bouillon est prêt.

2 Eplucher et détailler en cubes le céleri rave ; le faire cuire dans le bouillon de volaille pendant 30 minutes en remuant.
Pendant ce temps, détailler les filets de volaille en dés et les piquer sur des brochettes.
Mélanger dans un bol la poudre tandoori avec le yaourt, du sel et du poivre du moulin.
Badigeonner les brochettes de cette sauce tandoori.
Laisser reposer au réfrigérateur.

3 Mixer finement la chair du céleri avec une louche de bouillon, ajouter la crème fraîche, le sel, le poivre et 3 râpées de muscade.
Mélanger et passer au tamis fin.

4 Verser la préparation dans la cuve du siphon, percuter une cartouche de gaz.
Secouer. Conserver au chaud dans un bain-marie à 70°C maximum.

5 Préchauffer le four à 180°C. Cuire les brochettes pendant 10 minutes.
Dans une poêle, faire frire le persil plat avec un filet d'huile.
Dresser la mousse de céleri dans des verres, déposer une brochette en travers et parsemer de persil frit.

Les astuces du chef

Consommer la poule du bouillon avec des pommes de terre cuites à l'eau et de la moutarde de Meaux. Le reste de bouillon de volaille peut se congeler dans des bacs et sachet à glaçons.

Sauces

Avec ces recettes, nous vous invitons dans les coulisses des Chefs et vous livrons les bases d'une cuisine raffinée, pour habiller et relever vos plats.

La texture aérienne des sauces au siphon réveille le palais ; le siphon permet de doser en noisette ou en trait à l'assiette pour ainsi mieux révéler le goût des aliments.

0,5
x 1

préparation
20 mn

coût

difficulté

Infusion d'herbes potagères en émulsion

Ingrédients

1 botte d'herbes de votre choix :

basilic,

persil,

estragon,

coriandre,

menthe,

aneth,

thym, ...

50 cl de crème fraîche liquide entière

ou 50 cl de crème de soja

Piment d'Espelette

Sel, poivre du moulin

1 Emincer l'herbe potagère de votre choix.

2 Amener la crème à ébullition.

3 Hors du feu, immerger l'herbe potagère dans la crème.

4 Laisser infuser 10 minutes.
Mixer, saler, poivrer et ajouter le piment d'Espelette.

5 Passer la préparation au tamis fin, remplir la cuve du siphon, percuter une cartouche de gaz, secouer tête en bas et réserver au frais jusqu'à utilisation.

Les astuces du chef

Agrémente parfaitement vos terrines de légumes, poisson froid, carpaccio de viande, soupes de fraises, de melon, salades de concombres....
Se conserve une semaine au réfrigérateur.

0,5
x 1

préparation 15 mn
cuisson 3 h

coût €€€

difficulté ★★★

Fond de veau aux cèpes en émulsion

Ingrédients

2 pieds de veau

50 g de lardons fumés

1 carotte

1 oignon

1 gousse d'ail

1 clou de girofle

1 bouquet garni (thym, romarin, laurier, blanc de poireau)

200 g de cèpes

1 cuil. à soupe de ciboulette hachée

150 ml de crème fraîche entière

50 ml de vin blanc sec

5 cl de cognac

Huile d'olive

Poivre en grain

Sel, poivre blanc entier

La veille :

1 Préparer le fond de veau : dans un faitout, faire revenir doucement l'ail écrasé et les lardons avec de l'huile d'olive.
Déposer les pieds de veau, les dorer rapidement sur toutes les faces, et flamber au cognac. Mouiller avec le vin blanc, et recouvrir complètement d'eau les pieds de veau.
Ajouter les légumes, l'oignon piqué du clou de girofle, 10 grains de poivre entiers et le bouquet garni.
Amener à ébullition, baisser le feu et laisser cuire 3 heures à tout petit bouillon.
Sortir les pieds de veau du bouillon. Filtrer le bouillon.
Après une nuit au réfrigérateur, ôter la graisse.

Le jour même :

2 Prélever 200 ml de fond de veau.
Le reste peut être congelé dans des bacs ou sacs à glaçons.
Nettoyer les cèpes. Dans une sauteuse, les faire revenir à l'huile pour leur faire prendre couleur.
Verser le fond de veau, ajouter la crème et porter à ébullition.
Verser le vin blanc et fouetter l'ensemble dans la sauteuse.
Faire bouillir légèrement pendant une minute, ajouter le sel, le poivre et la ciboulette hachée.
Mixer la sauce et la passer au tamis fin.

3 Verser la préparation dans la cuve du siphon, percuter une cartouche de gaz et bien secouer.
Conserver le siphon dans un bain-marie à 70°C maximum jusqu'au moment de servir.

0,5
x 1

préparation
15 mn

coût

difficulté

Réinterprétation au siphon de la sauce gribiche

Ingrédients

- 40 cl de crème fraîche fluide entière
- 2 œufs
- 2 cuil. à soupe de moutarde forte
- 2 cuil. à soupe d'huile d'olive
- 2 cuil. à soupe de câpres
- Estragon, ciboulette, persil plat

1 Dans un cul de poule, mélanger la crème avec la moutarde, un jaune d'œuf et l'huile d'olive.
Saler, poivrer.
Verser dans la cuve du siphon, percuter une cartouche de gaz ; secouer et réserver au frais.

2 Faire cuire un œuf dur, l'écaler et couper le jaune et le blanc en petit cubes.
Hacher finement les herbes ensemble.
Emietter le jaune et le blanc d'œuf ainsi que les herbes et les câpres sur la sauce.

Les astuces du chef

Servir les pieds de veau refroidis avec la sauce gribiche, accompagnés d'une salade d'Alfafa avec un trait de vinaigre de Xérès.

0,5
x 1

préparation
10 mn

coût
€ € €

difficulté
★ ★ ★

Sauce crémeuse chaude pour légumes

Ingrédients

200 ml de bouillon de légumes (cf p. 16)

200 ml de crème fraîche liquide entière

30 ml de vin blanc sec

20 g de fécule de pomme de terre

20 g de beurre

1 citron

Sel, poivre du moulin

1 Faire bouillir la crème fraîche avec le bouillon de légumes.

2 Délayer la fécule dans le vin blanc et l'incorporer à la crème en fouettant bien.
Faire frémir pendant 2 minutes ; saler, poivrer, ajouter le jus de citron.

3 Hors du feu, incorporer délicatement le beurre au fouet.
Passer la sauce à travers un tamis fin et la verser dans la cuve du siphon.

4 Visser une cartouche et bien secouer.
Conserver le siphon au chaud dans un bain-marie à 70°C maximum jusqu'au moment de servir.

Les astuces du chef

Accompagne tous vos légumes cuits à la vapeur.

Desserts

Mousses de fruits, chantilly parfumées, crèmes onctueuses, gelées aérées...
Avec ces recettes au siphon, laissez votre imagination s'exprimer et amusez-vous en présentation !
Agrémentez d'éléments croquants, d'un coulis, d'un filet de caramel ou de chocolat et régalez vos convives !

0,5 x 1	20 mises en bouche	préparation 10 mn repos 1 h	coût €€€	difficulté ★★★

Mousse de fourme d'Ambert sur tartine de cerise Amarena

Ingrédients

200 ml de crème fraîche liquide entière

150 g de fourme d'Ambert

1 boîte de cerise Amarena au sirop

1 brioche pâtissière

Beurre

Sel, poivre du moulin

1 Enlever la croûte du fromage.
Faire chauffer la crème dans une casserole ; hors du feu, ajouter la fourme et faire fondre le fromage en remuant.
Saler, poivrer. Passer la préparation au tamis fin.

2 Verser dans la cuve du siphon, percuter une cartouche de gaz ; secouer et réserver au frais pendant 1 heure.

3 Couper la brioche en tranches de 1 cm d'épaisseur, détailler à l'emporte pièce des disques de 5 cm de diamètre dans les tranches, les faire poêler dans le beurre.

4 Recouvrir les tartines de brioche de cerises égouttées, siphonner la mousse de fourme d'Ambert et servir aussitôt.

Les astuces du chef

Vous pouvez également remplacer la fourme d'Ambert par du Bleu de Bresse.

0,5
x 1

6
coupes

préparation
15 mn

repos
3 h

coût
€ € €

difficulté
★ ★ ★

Emulsion d'abricots sur gelée de lait d'amande

Ingrédients

4 abricots

30 cl de nectar d'abricot

30 cl de lait entier

30 g de sucre en poudre

50 g de poudre d'amandes

30 g d'amandes effilées

5 feuilles de gélatine

1 Faire tremper la gélatine dans un bol d'eau froide.
Mixer finement les abricots avec le nectar, faire chauffer doucement et incorporer hors du feu 3 des 5 feuilles de gélatines essorées.
Passer la préparation au tamis fin, verser dans la cuve du siphon, percuter une cartouche de gaz, secouer et réserver le siphon couché au réfrigérateur pendant 3 heures.

2 Faire bouillir le lait avec l'amande en poudre et le sucre.
Hors du feu, ajouter les 2 dernières feuilles de gélatine essorées.
Verser le lait d'amande dans des coupes et réfrigérer pendant 2 heures minimum.

3 Au moment de servir, griller à la poêle les amandes effilées.

4 Siphonner l'émulsion d'abricots sur le lait d'amande et parsemer d'amandes grillées.

0,5
x 1

15
verrines

préparation
15 mn
repos
2 h

coût
€ € €

difficulté
★ ★ ★

Mousse de réglisse

Ingrédients

150 ml de crème fraîche liquide entière

50 ml de lait entier

50 g de sucre en poudre

15 pastilles carrées à la réglisse

1 feuille de gélatine

Glace à la vanille

Biscuits à la cannelle

1 Faire ramollir la gélatine dans de l'eau froide.
Chauffer le lait dans une casserole, ajouter les pastilles de réglisse et les faire fondre complètement.
Incorporer la gélatine essorée hors du feu.

2 Ajouter la crème, le sucre et mélanger.
Verser dans la cuve du siphon, percuter une cartouche de gaz ; secouer et réserver au frais pendant 2 heures.

3 Emietter les biscuits à la cannelle dans le fond des coupes ou verrines, déposer une boule de glace à la vanille et siphonner l'émulsion de réglisse.

Les astuces du chef

Décorer avec une étoile de badiane.

0,5
x 1

20 verrines

préparation 30 mn

repos 3 h

coût €€€

difficulté ★★★

Poires au gingembre, mousse de chocolat blanc

Ingrédients

200 g de chocolat blanc

50 g de sucre glace

50 g de chocolat noir

10 g de beurre

250 ml de crème fraîche liquide entière

2 œufs

450 g de poires au sirop

2 pincées de gingembre râpé

1 Faire fondre le chocolat blanc au bain-marie ; hors du feu, ajouter 1 œuf entier et 1 jaune d'œuf ; bien mélanger.
Ajouter la crème, le sucre glace et mélanger correctement.
Verser le mélange dans la cuve du siphon, percuter une cartouche de gaz, secouer et réserver au frais pendant 3 heures.

2 Éplucher et râper le gingembre.
Faire fondre le beurre dans une poêle, déposer les poires au sirop et le gingembre râpé, faire sauter rapidement.

3 Dans une coupe ou une verrine, déposer les morceaux de poires refroidies, siphonner la mousse de chocolat blanc.
Décorer avec des copeaux de chocolat noir.

0,5
x 1

20
verrines

préparation
10 mn

repos
3 h

coût
€ € €

difficulté
★ ★ ★

Douceur aérienne de framboises sur ananas acidulé

Ingrédients

600 g de framboises

1 ananas Victoria

1 cuil. à soupe de sirop de sucre de canne

1 cuil. à café de jus de citron

2 feuilles de gélatine

1 Réserver 100 g de framboises entières pour la décoration.

2 Faire ramollir la gélatine dans de l'eau froide.
Mixer 500 g de framboises et ajouter le sirop de sucre de canne.

3 Chauffer légèrement la purée de framboises.
Hors du feu, ajouter la gélatine essorée ; bien fouetter pour l'incorporer.
Passer la préparation au tamis, verser dans le siphon, percuter une cartouche de gaz et secouer.
Réserver le siphon couché au réfrigérateur pendant 3 heures.

4 Eplucher l'ananas, enlever le cœur fibreux.
Détailler l'ananas en fines lamelles.
Disposer le carpaccio d'ananas dans le fond des verrines, verser quelques gouttes de citron sur l'ananas.
Dresser l'émulsion de framboises et décorer d'une framboise entière.
Servir immédiatement.

0,5
x 1

20 verrines

préparation 30 mn

repos 2 h

coût €€€

difficulté ★★★

Surprise de caramel au beurre salé

Ingrédients

150 g de sucre en poudre

2 cuil. à soupe d'eau

90 g de beurre demi-sel

25 cl de crème fraîche

10 palets bretons

3 pommes

5 cl de Calvados

250 ml de glace à la vanille

1 Dans une casserole préparer un caramel blond : verser le sucre dans la casserole, imbiber avec les 2 cuillerées d'eau.
Faire chauffer à feu vif en remuant la casserole (*sans ustensile !) jusqu'à l'obtention d'un caramel de belle couleur brune.
Hors du feu le décuire très rapidement avec la crème fraîche, remuer au fouet et incorporer 80 g de beurre demi-sel.

2 Conserver 2 cuillères à soupe de caramel. Verser le reste dans la cuve du siphon, percuter une cartouche de gaz, secouer et réserver au frais pendant 2 heures.

3 Peler et épépiner les pommes, les détailler en cubes.
Les faire sauter très rapidement dans une poêle avec 10 g de beurre.
Flamber au Calvados.

4 Emietter les palets bretons dans le fond des verrines.
Déposer les pommes flambées.
Ajouter une petite quenelle de glace à la vanille et siphonner le caramel au beurre salé.
Napper d'un filet de caramel liquide.

Les astuces du chef

* Surtout ne pas utiliser de fouet, cuillère, spatule pour mélanger le sucre et l'eau pendant la cuisson du caramel : il risque de masser.

0,5
x 1

4
personnes

préparation
45 mn
repos
1 h

coût
€ € €

difficulté
★★★

Iles flottantes au siphon

Ingrédients

25 cl de lait entier

2 œufs

30 g de sucre en poudre

1 sachet de sucre vanillé

15 cl de crème fraîche liquide entière

20 g de sucre glace

Caramel liquide (cf p.62)

Noix de cajou caramélisées

1 Faire chauffer le lait dans une casserole.
Fouetter les jaunes d'œufs et le sucre jusqu'à ce que le mélange blanchisse.
Ajouter le sucre vanillé.
Verser le lait chaud sur le mélange œuf-sucre en remuant bien à la cuillère.
Remettre à chauffer dans la casserole jusqu'à ce que le mélange nappe la cuillère sans faire bouillir.

2 Ajouter la crème fraîche au mélange, verser dans la cuve du siphon, percuter une cartouche de gaz, secouer et réserver au frais pendant 1 heure.

3 Monter les blancs en neige.
Lorsqu'ils sont bien fermes, incorporer le sucre glace.
Avec une cuillère à soupe, confectionner des quenelles ; les déposer sur un plat allant au four micro-ondes.
Selon la puissance du four, cuire pendant 40 secondes à 900 W ou 30 secondes à 1000 W.
Réserver au frais pendant 1 heure.

4 Servir sur la crème anglaise siphonnée dans des verres, en nappant de caramel liquide et parsemer de noix de cajou caramélisées.

0,5
x 1

1/2 l
de crème

préparation
5 mn

coût €€€

difficulté ★★★

Variations autour de la crème Chantilly

Ingrédients

1/2 l de crème fraîche liquide entière

75 g de sucre glace

1 sachet de sucre vanillé

1 Mélanger la crème fraîche aux sucres.
Verser la préparation dans la cuve du siphon.

2 Percuter avec une cartouche de gaz.

3 Secouer 2 à 3 fois tête en bas.

4 Réserver au frais jusqu'à utilisation.

Les astuces du chef

Pour parfumer et épicer vos chantilly :

Faire infuser des épices, des herbes ou des fleurs séchées dans la crème chaude (gingembre, cannelle, poivre, thym, romarin, rose, lavande, violette, ...).
Filtrer au tamis et laisser refroidir avant de verser dans le siphon.

Aromatiser la chantilly en remplaçant les sucres par des sirops (grenadine, fraise, menthe, violette, rose, fleur d'oranger...).

Du travail mais surtout beaucoup de plaisir à réaliser ce livre en équipe !

Nous espérons que vous vous régalerez autant que nous à préparer ces recettes avec nos siphons et verrines.

A Jean-Claude, le roi de la gâchette :

Merci pour ta patience, ta gentillesse et merci d'aimer partager ta passion et tes talents avec nos lecteurs cuisiniers qui deviendront grâce à toi, eux aussi des virtuoses en émulsions !

A Julien, « Géant vert » :

Merci pour ton amour du beau, ta sensibilité à fleur de peau qui transparaît dans tes clichés et nous donne l'eau à la bouche !

A Marie :

Merci de nous avoir tous mis en relation... émulsion pour le bonheur de tous ; merci pour ton humour, ta générosité et ta gaieté... Un siphon - phon - phon !

A Fred et Semi :

Merci pour votre sens artistique et graphique qui fait de cet ouvrage un livre agréable à regarder !

A Yul Studio :

Merci pour votre disponibilité et votre efficacité à plein gaz !

A l'équipe Marketing Mastrad :

Merci de votre onctueuse implication et de n'avoir cherché que le meilleur !

Aux clients de Mastrad :

Merci de votre fidélité qui nous encourage à toujours mieux vous servir.

Anne-Laure

Tous droits de traduction, d'adaptation et de reproduction, totale ou partielle, pour quelqu'usage, par quelque moyen que ce soit, strictement réservés pour tous pays.

© 2008 Mastrad

Les Indispensables de Mastrad - Mousses
Dépôt légal : septembre 2008
ISBN : 978-2-9531963-0-6
Achevé d'imprimer en septembre 2008 par Xinlian Artistic Printing Cie / Chine

Mastrad SA
16, rue François Truffaut
75012 Paris
FRANCE
Tél : +33 (1) 49 26 96 00
Fax : +33 (1) 49 26 96 06
www.mastrad.fr